깨어나라 그대여

2012@곽병수 깨어나라 그대여

인 쇄 : 초판인쇄 2012년 01월 20일
인 쇄 : 초판발행 2012년 01월 25일
지은이 : 곽병수
펴낸이 : 윤기영
펴낸곳 : 도서출판 현대시선
등 록 : 제 387-2006-00017호
본 사 : 서울시 동대문구 장안동 394-15호 203호
지 사 : 경기도 부천시 원미구 원미동 147-12
전 화 : 070-8887-8233 팩시밀리 : 02-831-5832
이메일 : hdpoem55@hanmail.net

정 가 : 8.000원정
ISBN : 978-89-92687-28-7-03810

깨어나라 그대여

水岩 곽병수

도서출판/현대시선

깨어나라 그대여

목 차

1부. 깨어나라 그대여

2부. 작은 행복

3부. 조용한 격려

4부. 욕망의 독

저자의 말

-두 번째 시집을 내면서-

1집 속의 아쉬움과 모자람을 모아 삶으로 미화하여 보면서 허무한 인생의 위로와 지침서 같은 심정으로 달래며 "마음의 무덤"을 바탕으로 노력한 결실들을 모아 두 번째 시집을 엮어 보았습니다.

붉게 물들며 저물어가는 석양노을은 아름답다고 했던가. 황혼 모서리에 담아보는 고운 자태로 듣고픈 영혼의 소리가 있었기에 이렇게 주워 담아봅니다.

부족한 글을 독자와 함께한다는 것조차 부끄럽고 덜 여물은 시를 자기 도취감과 행복감에 빠져 감히 밖으로 내보냄은 늦깎이에 글을 쓰는 그 자체를 만족감으로 생각했기에 기나긴 고난의 여행을 떠나 새롭게 태어나려는 몸부림인지도 모르겠습니다.

가슴을 열어 시의 가치와 진정한 의미를 찾으며 서로의 향기를 나누어 가질 수 있는 귀중한 시간이 되길 바랍니다.

지치고 힘들고 어렵게 병마와 싸우는 분들에게도 "깨어나라 그대여"라는 마음으로 저 역시 자아를 발견하고자 깨어나야만 했고 모든 이들에게도 항상 "깨어 있어"라는 마음으로 제목을 편집해 보았습니다.

이 책의 끝장을 덮을 때 "마음의 지침서" 같은 위안이 되었으며 하는 조그마한 바램입니다.

책 출판에 애써주신 현대시선 출판부 임직원들에게도 감사를 드립니다.

2012. 1.

저자 水岩 / 곽병수

1부.

깨어나라 그대여

깨어나라 그대여

고요한 적막 속에
우울과 고독으로
깊이 빠져드는 나
가슴속의 답답함과
깊은 몽롱함 속에서 헤맬 때

나를 찔러준 시의 감성
일어나라 그대여
깨어나라 그대여
짜릿, 달콤, 씁쓸함이
내 몸을 찌르고
가시가 돋아나 나를 찌르고

약해졌던 나의 마음은
핏방울 굳어지듯
강하게 강하게 굳어져 가고
내 몸의 가시는 단련되어
맺혀진 핏방울은 굳어만 간다.

여 행

달랑 몸 하나 챙겨 떠난다
잠만 자던 그림자도 깨운다
사랑은 도보로 십분 거리
오늘은 그녀가 가장 낯설다
민박집 앞
구겨진 고백은
늘 지도에 나와 있지 않고
소중히 간직해도 좋을
추억의 한 토막
봄도 경비를 아낀다는 듯
꽃을 맨 나중에 피운다
처음으로
향수가 역겹지 않다.

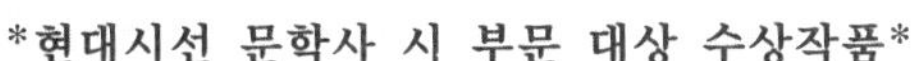
현대시선 문학사 시 부문 대상 수상작품

인생의 여정

인생은
끊임없이 흘러가는
나 혼자의 기나긴 여정

대신 살아 줄 수도
아파 줄 수도 없는
혼자만의 독백

대나무처럼
마음을 비우지도 못하고
물 같이 낮추지도 못한 채

바람처럼
구름처럼
떠도는 게 인생인 걸

그대여! 서둘지 마오
세월이란 빨리 가는 것도
천천히 가는 것도 아니라오.

그대와 나

사랑하는 이여
그대와 만나는 순간

시간이
거꾸로 흐르는 것 같고

온몸의 혈기가
용솟음치는 것 같아

무엇이든 못할 것이 없는
기분의 황홀함이여

그대를 용상에 앉히고
나는 평생 그대의 종이 되리라.

인 생

올라갈 때
피었더니

내려올 땐
져 버렸네

허무한
우리네 인생이여.

고요한 시

어둡고 캄캄한 밤
먹구름과 폭풍우가
몰아칠 것 같은 예감 속에서도
시는 울부짖지 않는다

시속의 고요함이
낮고 팽팽하게 깔려있으니
음울하고 몽롱함 속에서도
번개처럼 번뜩일 뿐이다

시들은 노래가 되어
고통의 눈물을 날려 보내고
환희의 웃음으로
기쁨을 번지게 하자.

자아(自我)

나는 사물과의 만남을 통해
뜬구름의 허공을 초월하여
일상적 생활과 공간에서 맴도는
"지침서" 같은 시를 쓰고 싶다

시의 기교를 부려서도 안 되고
추억이 망가지면 말장난이 되니
추억을 통해 잃어버렸던
자아와 낭만을 되찾아야 한다

이젠, 아무도 모르게 숨겨둔
나를 조금씩 들어내고 싶고
내 몸에 묶인 몸 사슬을 풀어
숨겨둔 다른 모습을 나타내고
나의 참 모습을 보여줘야 한다

시끄럽고 박력 있던 모습에서
나 홀로 소심하고 꼼꼼하게
글을 담아보고 싶어 했던
차분한 나 혼자만의 참 모습으로.

도 전

너 정체는 뭐냐
지금 내가 여기 있노라
내일이 더 중요한 도전자들

한때는 모든 것이 콤플렉스
순응의 저항을 넘어 꿈을 찾아
젊은 날의 방향이 밑거름되어

행동과 움직임이 힘 있고 당차니
더는 담아두지 말고
확 터트려 자랑하란 말이야

자신감이 넘치는 사람은
엄청난 자랑스러운 힘을 뽑고
이젠 모든 것이 경이롭고 행복하여리.

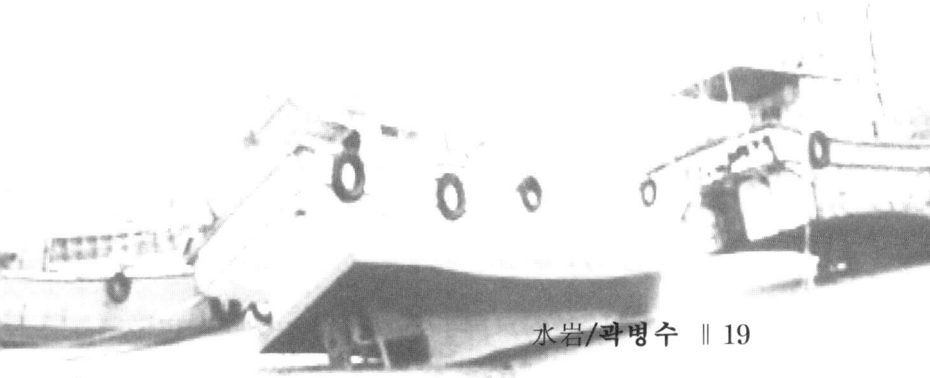

인생살이

인생이란
그날그날을 살아가는
하루살이 인생

어쩌면
순간순간을 살아가는
순간 살이 인생

행운의 묘술은
남과 비교하지 말고
너무 움켜쥐지도 말며
순간순간을 만족하라

지금
이 순간에도 있을
기쁨을 놓치지 말고
환희의 행복을 보듬어 보라.

빗방울의 시간 멈춤

비가 내려 빗방울이
떨어지지 아니하고

허공의
머리카락 끝에서
대롱대롱 맺혀 있다

바람 앞의 촛불처럼
무슨 생각 하는 걸까

떨어지기 싫음일까
깨어지는 아픔일까

부서져도
부딪치면 어떨꼬
아님,
시간을 멈춰보고 싶음일까.

무 심

서쪽 하늘 붉은 노을
해 넘어가는 은은한 소리
그대는 들어 보았는가
세상은
사라지는 것조차 아름다운데

바람에 흔들리는 나뭇가지
스치며 흔드는 바람을
그대는 보았는가
지나가는 것들도 그리운데

세상에
들리지도 않고
보이지도 않는 것이
나에게는 너무너무 많구나.

가 묘

삶에 고단함과 고독할 때
자기가 갈 묘를 먼저 정해놓고
가만히 찾아가 살며시 누워
죽었다고 생각하고 편안하게
푸른 하늘을 조용히 바라보면
한결 마음이 맑아지고 개운해진다

생의 애착도 욕심도 없어지고
이 세상에서 가장 평화롭고
영원한 안식처라 생각하며
착한 사람이 누워 있을 뿐이다

내일 생을 마친다고 생각하면
생의 애착이 더욱더 생길 것이며
지나온 과거의 삶도 뉘우칠 수 있고
앞으로의 삶도 구상할 수 있어
오늘, 모든 행동이 바뀔 것이다

내일 생을 마친다는 것을
예측하는 사람은 아무도 없고
오래 산다고만 믿을 뿐
죽음 앞의 악(惡)한 자는 없으며
강한자도 없다
오직 착한 사람들만이 있을 뿐이다.

겸 손

감성이란 눈곱만치도 없고
부스러질 것 같은 무미건조한
자기주장만 내세우고
용건만 퍼붓고 끝나는 눈앞의 능변보단

당신의 도움이 없었다면
나는 지금 지탱하기 어려웠노라고
평생 당신의 도움을 잊지 않겠노라고
꼭 ~ 옥 나도 당신을 돕겠노라고

겸손하고 따뜻한 인사말이
상대를 감동하게 하고
내일처럼 돕는 마음을 우러나게 하는
조용하고 정서적인 당신을 존경합니다.

너 희 야

너희야!
함부로 밟지 마라
생각해 보았느냐 밟히는 잔디의 아픔을
다시금 서려 발버둥치는 그들의 모습을

너희야!
감동시켜 보았느냐
가슴속 뭉클함을 느끼며
고마워 어쩔 줄 모르는 그들의 모습을

너희야!
뒤 돌아보았느냐
지금껏 살아온 평생의 발자취를
때로는 어떤 색깔로 바뀌었던 모습을

너희야!
베풀어 보았느냐
앞으로 베풀고 가야 할 길을
세상 떠나도 그들이 생각하는 너의 참모습을

너희야!
이젠 모두 놓아라
세상에 태어날 때는 갖기 위해 주먹을 쥐고
떠날 때는 갖지 못해 손을 펴는 그들의 모습을.

내 일

헤어짐은 나쁜 것이 아니고
다시 만남의 약속이니까
모자라는 것은 나쁜 것이 아니고
채우면 되고

모르는 것 또한 나쁜 것이 아니라
배우면 되고
많이 안다고 거만한 것보다
몰라서 얌전한 것이 좋을 수 있고

넘쳐서 흘러버리면
주워 담을 수도 없으니까
실패는 나쁜 것보다
원인을 극복하는 인내를 주고

힘든 지금이 나쁜 것이 아니고
내일의 행복이 여기서 시작되니
앞으로 우리는 더 행복해질 것이고
내일을 위해 묵묵히 살아가자고요.

세 월

난 별로 한 것도 없는데
세월은 잊지 않고 나를 찾아와
매년 한 살씩 나이 들게 하는구나
난 나이만큼
현명하지도 멋진 사람도 아니다

세월이 갈수록 힘들고
어려운 일만 생긴다고
답답하고 괴로워할 때
사람은 누구나 힘든 일만 생기는 법

이미 겪어본 고난은 경험이 생겨
그 비슷한 수준의 고난은
애교로 봐줄 수 있고
고난에도 끼지 못하기 때문 아닐까.

눈 물

고독이 꿈틀거리며 몸부림칠 때
외로움과 쓸쓸함을 통해
엉킨 마음을 매듭짓지 못하여
너도 싫고 나도 싫고 세상도 싫어
자기 고립 속에서 허우적거릴 때

만사가 싫고
모든 것이 귀찮고
싫은 생활 속에서
번뇌가 용트림하여 살기조차 싫을 때

조용히 강물을 찾아
유유히 흐르는 강물을
바라보는 것만으로도
수행이라고 했다
펑펑 눈물을 흘리면서
오히려 고독을 벗삼아 즐겨보자

외로운 느낌을
흐르는 강물과 나누워 공유할 때
나누워 가짐은 가벼움이라 했든가

마음이 편안해지고 자유스러움에
외로운 삶이 치유된다는 사실을

그 눈물을 본 사람은 아무도 없다
강물과 자연의 공간 밖에는
나는 너를 좋아한다
자연의 눈물인 강물은
슬프면서도 따뜻하게
유유히 흘러버리니까

어쩜, 눈물과 강물은 같은 뜻이 아닐까
눈물은 둥근 얼굴 위를 흐르며
멍들은 마음의 상처를
강물은 둥근 지구 위를 흐르며
훼손된 자연의 상처를
다 같이 씻어 내려주니까.

낡 음

젊음, 낡음, 늙음,
낡음은 늙음을 부르고
낡음이 없음은 젊음이고
젊음에 낡음은 늙음이지

다시 솟는 파란 잎은
자연의 젊음이고
빛바래 떨어지는 낙엽은
자연의 늙음이지

주름 잡힌 얼굴의 낡음을 늙음으로
우리 다 같이 낙엽 같은 색깔로
아름답게 늙어가는
인생이 되어보지 않으련

일상 속에서 흐르는 땀 내음이
삶의 증거인 것을 그 누가 알리오
후손에게 아름다운 낡음으로
자랑해 보시구려

쭈그러진 몸뚱이의 늙음을
낡음으로 나를 버리면
후손들은 그 낡음을 밟고
다시 소생해 새것으로 탄생되니까.

기쁨의 표현

꽃이 있는 곳에 향기가 나는 법
그 황당한 침묵 앞에 무릎 꿇고
사랑하는 만큼 더 소리 내어
고맙다고 자주 표현해보렴

인생이란
혀끝에 정이 난다 했든가
때론 침묵 말고 늘 표현 하렴
미안하고, 고맙고, 사랑한다고

나에게 희망을 주고
도움을 주는 사람들에게
애써 고마움을 숨기지 말고
관심을 가졌음을 표현하렴

말 없는 사내는 옛날이야기
요즈음은 자기개성 만족시대
기쁨과 환희의 행복한 대화 속에
넓고도 깊은 정이 넘치고 넘친다.

2부.

작은 행복

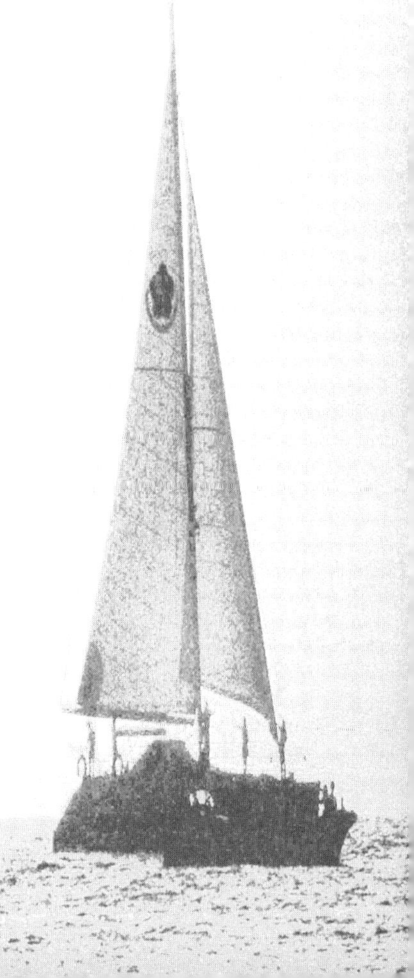

작은 행복

지금 내 인생의 조그마한 행복은
늦깎이에 담아보는
"마음의 지침서" 같은 시와

조그만 농장에선
나의 발걸음 소리를 기다리는
콩과 호박, 그리고 야채들

나를 주위 했든
모든 사람에게
감사하고, 이해하고, 고맙고

그리고
평생 나를 위해 살아온
나를 믿고 따라와 준

앞으로도 나와 같이 살아갈
나의 친구이자
영원한 벗인 나의 아내다.

당 신

공격할 줄 모르고
받아만 주는 천사 같은 당신
내 앞에서는
항시 자기주장을 하지 않는 당신

환희와 기쁨에 찬 삶의 자리는
항시 나에게 내어주고
자기 자신보다 나를 더 사랑하는 당신
항상 남을 자기처럼 생각하면
편안하고 이해가 된다는 당신

당신 덕분에 거뜬합니다
제게는 언제나 살아가는 힘입니다
힘 있게 산다는 것은 참으로 즐겁습니다

내 나이를 따져 무엇하리오
나는 지금 이 세상에 살아 있다는 것
그 자체만으로도 즐겁고 행복합니다

당신과 가족을 더욱더 사랑하면서
살아가리라 다짐해봅니다.

시(詩) 낭송

답답하십니까
우울하십니까
외로움을 느끼십니까
나에게 시를 낭송해 주세요

달콤하고 애절하게 속삭이는 선율처럼
강렬하게 지울 수 없는 자극으로
빛깔을 달리하면서
귀가에 들어와 찍히게

그 순간 나는 알게 되지요
일부러 포장하려 하지 말고
촌스러움도 그대로 표현하는 진실만이
우리를 감동을 시킬 수 있다는 사실을

지금 당신은 퍼즐처럼 숨겨진
시속의 감성을 음미하는 재미를 느낀다면
그대는 이미 치유의 묘약을 맛볼 줄 아는
고수의 시인이 된 것입니다

감동을 느낀다는 것은
내 안의 나를 발견할 수 있고
외면에서 돌던 것들이 내면으로 들어와
스스로를 용서하고 인정하는 것이지요

사물에 표현한다는 것은
그 속에서 내가 다시 태어나는 것으로
살아 있다는 것을
자신이 스스로 느끼는 순간이기도 하지요

시의 낭송으로
살아 있는 자아를 발견하고
삶의 여유로움을
이제라도 찾아보지 않으렵니까.

내안의 나

인간관계의 모든 중심은 나
행복한 관계를 만드는 것도 나
내가 먼저 행복해지고 싶은 것도 나

내가 나를 생각하는 나
남이 생각하는 나
나도 누구의 편이 아닌 나
자신의 편일 뿐

공주병 왕자 병에 숨겨진 심리의 법칙
아부와 유능함을 알려주는 작은 차이
나 자신도 몰랐던
숨겨진 나를 발견하는 방법
나도 몰랐던 나를 발견하자

인간관계의 기본은 나 자신 속에 있다
"내 안에 나" 를 알면
인간관계는 행복해진다
세상사는 요령의 또 다른 방법의 하나
내 안의 나를 발견하라.

향 기

꽃에는 향기가 머물듯이
우리네 삶도 향기 가득하게 살아 보자꾸나
유유상종(類類相從)이라
끼리끼리 살아간다고 했든가

꽃에는 나비가 날아오고
쓰레기에는 파리가 날아온다고 했지
좋은 마음에는 행복이 머물고
나쁜 마음에는 불행만이 생긴다

항시 마음을 꽃피울 듯하여
행복만이
날아오게 하여 보자꾸나
바라만 보아도 행복하듯이

옆에서 머물고만 있어도
꽃을 피우듯이
기쁨을 만들어 주고
항시 당신 옆에 머물고 싶은
향기로운 그런 사람으로.

행복의 눈물

사람이란 기쁠 때나
아주 반가울 때는 눈물이 난다
처음 반가움은 웃음이 따르지만
아주 반가움에는
웃음보다 눈물이 앞선다

남북 이산가족의 만남을 보라
눈물은 웃음보다
더 진하고
웃음은 눈물보다 행복하다는 것이다
너무 행복하면 눈물이 나듯이
눈물과 행복은 같은 것일까

티 없이 맑고
천사 같은 아기를 볼 때
눈물이 나도록 깨물고 싶듯이
인생이란
다람쥐 쳇바퀴 돌듯
돌고 도는 것이 웃음과 눈물일까.

작은 교훈

사실 인생이란 편해 봤자
거기서 그 기지
힘들어 봤자
그 인생이 그 인생 아니더냐

어차피 똑같이 살아가야 할 인생
좀 편하게 살겠다고
얄팍하게 잔머리 굴리다가
망신만 당하고 욕만 먹는

옛날의 경험과 군자들의 좋은 말씀에
귀를 열고 교훈 좀 얻자
사슴은 사향 때문에 죽고
사람은 입 때문에 망한다고

나도 앞으로 그렇게 살아야겠다
조그마한 손익에 말 많이 하지 말고
말수 줄여 입을 닫고

귀는 나팔같이 열어놓고
말 많이 하는 인생 되지 말고
듣는 인생으로 살아가자.

우리의 염원

통일이 어디 메냐 너와 나 살던 마을
비무장 생태계는 세계자랑 되겠지만
먼 훗날 아리랑 가락이
너희들을 웃길 수 있을까

굶주림 없애려고
보내보는 마음으로
서로가 왕래코자 개성공단 지었더니
핵포탄 두더지 땅굴 누굴 겨냥하는 건가

기껏, 너희는 연평도와 천안함 피격인가
순고히 작열한 마흔여섯 용사들이여
우리들 가슴은 핏 망울져
그대들의 순고함을 영원히 잊지 않으리

두렵구나, 너희들은 자유를 알랴마는
통일을 외치면서 토끼는 울고 있네
눈동자가 빨갛게 멍이 들도록
묶인 허리띠를 풀어 달라고.

행복 지수

있는 자와 없는 자
노는 자와 일하는 자
있으니 행복을 주장하는 자
없으니 무소유를 주장하는 자

어느 날 갑작스러운 변신
마음속 지난 것들을 정리해 본다
사람들과 단절도 해보고
인연을 만들 생각도, 관심도 없다
우리에게 자유와 행복지수는
무엇인가를 되새겨본다

모든 것을 포기하고
무소유를 주장하는 것
진정한 행복과 자유는
출발점이 될 수 있는지
아님, 똑같은 인간관계의 소유는
행복조건의 환상에 지나지 않는지

소유의 행복론과 무소유의 행복론
우리들의 행복조건과 지수는
어느 쪽이 행복한가를
그들에게 끊임없는 질문을 던져본다.

외로운 독백

스산한 바람 속 낙엽이 떨어질 때
바바리 깃 세워
도포 짝 휘날리며 두 손 찔러 넣고
쓸쓸한 날의 그리움과
고독을 안주 삼아 씹어본다

낙엽에 물들어 날아가는
사연을 감미하면서
외로운 머슴아의 독백일까
아님, 낙엽 떨어지는
계절의 그리움 탓일까

못 잊을 추억들은 가슴 언저리에
아련한 향기로 젖어들고
한참, 무성했던 사랑의 연가는
깊은 아픔으로 젖어들어
가슴속 넋두리가 되고

어수선했던 마음은
잔인함으로 물들어 가고
정녕, 갖지 못할 추억이라면
나 혼자 쓸쓸히 뒹구는
저 낙엽 속에 영원히 날려 보내리.

넌 뭐니

네까짓 게 뭐니
왜 자꾸 까불어
모순투성이 속의
색깔도 개성도 없는 것이

개성이란
자신 속에서 길러 내야 하는 것
외적인 것에 기대려 하는 건
위험한 발상이고

모르는 것은 배우면 되고
길을 잃으면 물으면 되지만
나의 목적지는 어디인지를
늘 잊지 않는 마음가짐이 필요하다

황폐한 사막에서도
언제든지 자기 자신이
가야 할 방향을 알고
꾸준히 걸어가는 낙타처럼

유연한 물같이 자세를 낮춰
항시 세상과 소통하여
뒤돌아보며 살겠노라고
되씹어보는 순간이기도 하다.

당신의 열정

누가 감히 너를
환상적인 꿈
강렬한 카리스마

차가운 사람들을 움직이는 열정
생동감 넘친 감동에 쏟아지는 찬사
세상은 흥분 속에 더 즐거워진다

모든 가능성의 중심인 당신
주위를 아름답게 만들기 위해
분발하는 뜨거운 너의 맥박

지글지글, 당신의 심장이 익어간다
와글와글, 사람들이 모여든다
노글노글, 그 맛을 감미해 보려고.

당신과 나

고요히 흐르는
한강변 어느 오솔길
파릇파릇한 풀잎을 밟으며
먼 ~ 그날까지의
행복을 약속하면서

우리가 지녔던 핑크빛 마음에
서로가 주고받던
달콤한 사랑이 심기어져
행복이 싹터 자란 마음에 정감이 깃들고

희망이 소복한 먼 미래를
주고받던 대화 속에서
다소곳이 속삭이던 당신이
새털구름 속 파란 하늘을 바라보며

걸음을 멈추고 살포시 잡는 손결
오늘의 푸근한 감촉이여
내일도 모래도 영원히.

나의 소중함

나는 나를 좋아한다
아무것도 아닌 것에도
소리 내어 웃어보자

마음이 바뀌면
행복해질 것이야
하루하루를 즐겁게 살다보면
좋은 일만 생길 게다

이 세상에
나와 꼭 같은 것은 하나도 없다
나를 아끼고 사랑하는 나는
나를 좋아하는 나다

나를 사랑하고
나를 사랑하는
나는 이 세상에서 제일 소중하다
나를 위한 내가
이 세상의 주인공이니까.

사 랑

사랑에는 여러 가지 사랑이 있다
사랑을 모르는 사람과
사랑을 아는 사람과
사랑을 하는 사람이 있다

사랑을 아는 사람과
사랑을 하는 사람과는 차이가 크다
사랑 자체를 모르는 사람은
말도 되지 않는 사람이고

사랑을 아는 사람보단
사랑을 실천할 줄 아는 사람만이
참사랑의 진실을 아는 사람이다
사랑은 보이지 않으나
마음으로 느낄 수 있고 표현할 수 있는 법

표현하지 않으면 못 느낄 수도 있나니
내가 먼저 상대를 사랑하고 표현해 보자
받으려 하지 말고 계속 사랑해 보자
그러면
반드시 나에게 많은 사랑이 돌아올지니.

나를 사랑하는 사람

모든 삶의 주인공은 나
인생은 역경과 어둠의 연속
어두운 곳에 있을 때

나오라고 외치는 사람보다
어둠 속으로 들어와
나와 함께 있어줄 사람

나를 비난하지도
섣불리 충고하지도
내 아픔을 함께 해줄 사람

내가 사랑하는 사람이 아닌
나를 사랑하는 사람

내가 기쁜 일이 있을 땐
나보다 더 기쁨으로 넘쳐
펄펄뛰는 사람 곁으로.

내 사람

모두 나를 욕해도
내 편을 들어줄 사람
내가 하는 생각은 다 훌륭하고
내가 하는 말은 옳다고 믿는 사람

끝끝내 내 편인 사람
세상 사람들이 내게 등을 돌려도
당신 주위에 내편을 들어줄
그런 사람 몇이나 있나요

지쳐 있을 때 따뜻한 말 한마디를
눈물을 흘릴 때 닦아줄 그런 사람을
내가 웃을 때 나보다 더 좋아하며
소리 내여 춤을 추며 웃어줄 사람
내 삶을 지켜봐 줄 그런 시람

누군가 올 것만 같은 날에
오지도 않는 이가 기다려지듯
내 편이 되어줄 당신이 그립고
그런 당신의 사람을 기다려봅니다.

시(詩)

친구야
어렵게 생각 말고
시를 한번 써보렴
생각나는 대로 적어보렴

"웃어보세 울어보세"
아무렇게 기록하면 시가 되는 것을
짧게 함축하면 시가 되고
그냥 쓰면 단편소설이 되고

길게 늘어놓으면
장편소설이 되는 것을
문장의 뜻과 상상의 나래는
독자가 나름대로 생각하는 것이니깐

낙서 한번 해보자
용이 되던 꼬리가 되던
산이 되던 물이 되던
시라는 글귀로 길만 열어주면 되니까

친구들이여
시를 쓴다는 게
이 얼마나 쉬운 것이더냐.

우 울

우울할 때 기뻐지는 방법이 있지
눈물을 흘리며 시를 낭독하고
주위엔 아무도 없는 것처럼
나 혼자 있는 기분으로

미친 듯이 소리 지르고
운동하고 춤을 추는 기분으로
몸짓으로만 감정을 표현해봐
본연의 모습을 숨기지 말고

소리를 지르고 손뼉을 치며
몸을 비틀고 데굴데굴 구르며
운동선수처럼 뛰어봐
이내 곧 온몸은 땀으로 젖고

머리카락이 얼굴에 붙는다
내가 누군가를 확실히 보여주고
몸짓으로 감정을 완전히 표현해봐
부끄럼 타던 사람들도
우울증이 없어지고 도전정신이 생겨

모든 것이 기쁨으로 가득 차
자신감으로 충만하게 되지
이제 곧 너희도 시작해 보지 않으련.

아름다운 삶

아무리 먼 곳에 있더라도
이 세상 어느 곳에 가더라도
나 홀로 사막을 헤매더라도
당신은 결코 혼자가 아닐지니
슬픔의 눈물을 흘리지 말라

이런 젠장! 빌어먹을
모든 것이 끝이라고 생각했을 때
화석처럼 굳은 딱딱함을 보이지 말고

운명을 향해 날리는
한방의 펄펄 살아 움직이는
마음의 여유를 가져보자

믿는 것이 없다면
스스로 믿고 믿는 곳을 찾아봐
사랑할 것이 없다면
사랑할 사람을 찾아봐

늦었지만 이토록 아름다운 걸
이제야 깨닫게 된 기분으로 살아봐
삶에는 최고의 순간이 있듯

누구에게나 인생은
최고의 순간이 있는 법
너의 인생 너가 사는 것이지
남이 살아주는 것이 아니잖니.

욕망의 발로(發露)

사는 것이 썰렁하다고
살고 싶지 않다고
사는 것이 힘들어 메뚜기가 날뛰듯이
이리저리 옮게 뛰고 싶다고

그래, 그래 뛰어라 마음껏 뛰어라
온몸이 땀 바다가 되도록
그래, 그래 울어라 실컷 울어라
속이 확 ~ 터일 때까지

채워놓았던 당신의 족쇄를 풀고
의지 못할 이야기
마음껏 털어 보아라
나에게

이내, 몸도 마음도 가벼워지리니
그때의 움직임은
당신의 마음속에
자유로운 욕망의 발로(發露)입니다.

능 력

우등생 보다 문제아가 되어보라
일등보다 꼴찌가 어렵고
어쩜, 다양한 원천을 낳는 꼴찌

상대가 나를
기억할 수 있는 인간이 되어보라
성공은 실력이 아니고 능력이다

우등생보다 응원단장을 기억하듯
상대가 나를 기억할 수 있도록
표시하는 것은 특별한 능력이다

상대를 사귐에 감정 행동은 삼가하고
자기를 기억함에
환멸을 느끼는 행동도 안 되고

성공한 사람은 우등생보다
자기 나름대로 남다른
특별한 능력을 갖춘 그 무엇이
지금이라도 늦지 않으리

자기만의 능력을 기르려고 하는
생각을 바꾸면 행동이 달라지고
행복의 삶이 올 것이라고.

공간의 시간

뭔가를 털지 못해
삶이 무거워 허우적거릴 때
자기를 살릴 수 있는
시간과 공간이 필요하지

나 혼자 조용한 자연을 찾아
더 넓은 공간을 향해
뒤돌아보며 고개 숙여 기원해봐
자연과 자비 속의 조용함

이기적이고 맹목적이기만 했던
내 욕망과 욕심의 번뇌 속에서
갈등하고 괴로워 허우적거렸던
자신의 모습을 발견할 것이야

그 순간 허망한 내 욕망은
허공 속 공간으로 사라질 것이고
그 이후 삶은
진실 된 편안한 마음이
나의 것으로 변모해 있을 것입니다

내 스스로의 만족함으로
남에게 사랑을 줄 수 있는
풍요로운 삶으로 안정시킬 수 있고
남을 위해 베풀고 기원할 수 있는
여유로운 삶이 되지 않을까.

고 독

홀로선 사람만이
자신을 만날 수 있듯이
짧은 인생을 자연 속에서
풀처럼, 이슬처럼

고독 속에서
자신을 만나야만 진실이 보이고
고독을 즐기면서 살아가 보자

고독을 씹고 즐길 줄 아는 사람은
인격 인이 될 수 있다는 사실을
고독보다 더 좋은 친구는 없다

고독이 없다면
실 끊어진 연처럼
너풀너풀 날아가리라

깊은 침묵 속에서 샘물처럼
솟아나는 맑은 판단으로
욕망만 채우는 어리석은
착각의 삶에서 깨어나라.

행복 찾기

행복을 찾아 고뇌한 결과
많은 누군가에게
먼저 행복을 전해야만
찾을 수 있다는 것을 느꼈기에

성찰의 고리를 놓지 말고
행복 도가니에 글귀를 담아
무한한 허공의 공간 속으로
누군가에게 날려 보내봅니다

글귀를 담아보는 사람도
가장 먼저 읽어야 하는 사람도
한 사람부터의 시작이니
짧지만 가장 돋보이는 시간을
스스로 많이 만들어 사용해보자.

3부.

조용한 격려

조용한 격려

오늘 당신은
아내와 가족에게
친구와 상대에게
무슨 말을 하였는지
생각해 보았는가

사랑을 받고 싶거든
사랑스럽게 행동하고
행복이란 외적인 것이 아닌
그것을 보는 방법에 달려있는 것

나의 중심에서 보는 것이 아닌
상대의 중심에서 판단해 보았느냐
좋은 경치는
먼 곳에 있는 것이 아니듯이

행복도 멀리 있는 것이 아니고
가까운 곳에서 기다리고 있고
조용한 격려 한 마디에
용기와 힘이 솟아난다.

슬픈 시인

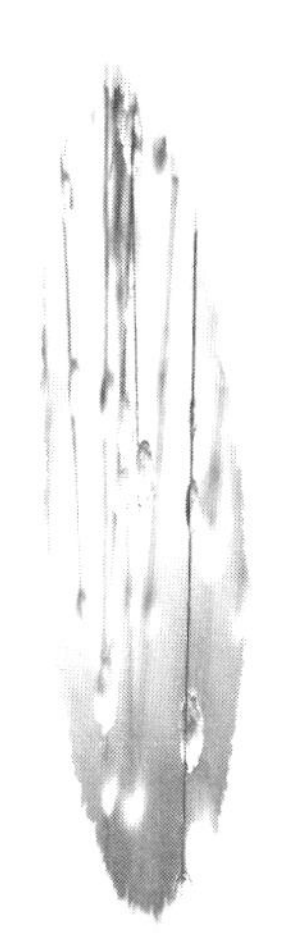

아! 슬프다
세상은 나를 울게 하는구나
시의 옷을 갈아입고
가난의 죽음으로 몰아간 사람들
시의 흐름 속에 목이 탄다

가난한 시인들이여
시는 가난한 삶의 고리이지만
힘들 땐 하늘을 바라보며
고독을 벗 삼아 쉬어보자꾸나
저 넓은 우주공간을
끝없이 바라보면서

슬픔과 아픔은 피할 수 없는
인생의 현실이지만
사람들이여
이것만을 기억하여라

시인들도
어느 누구도 막을 수 없이
슬픈 세월은 지나간다는 것을
지나고 나면 "망각"의 묘약으로
모든 멍든 삶은 치유 된다는 사실을.

뻐꾹새

어느 봄날
뻐꾹새의 구슬픈 울음을 들으며
그 속의 세상으로 살며시 젖어든다

배고픔의 울음인가
사랑 찾는 애원인가
새끼 찾는 절규인가

아님,
삶의 고독 속에서 짓밟힌
뒤범벅이 된 생의 구슬픈 눈물인가

그럼,
겨울을 지나 봄을 맞이한
환희에 찬 기쁨의 눈물인가

애절한
그 울음의 진정한 의미는
아무도 모른다

어쩜,
이 봄이 가기 전에 님을 찾아
불러야 할 노래인지 모른다.

뭐 라 꼬

뭐라고
난 뭐라고, 바로 시작해보라고
이제 곧 시작할 때 가장 빠른 때라고
지금 시작 않으면 가장 늦은 때라고

십 년 전 했더라면 공상만 하지 말고
십 년 후 이 생각에 후회하고 원망 말고
나이 따져 뭐하랴 숫자에 불과하니

살아 있을 때 한 포기 나무 심듯
시작이 있다면 끝남도 있을 테니
오늘의 한 그루 나무 이내 숲이 될 것이고

지금 곧 뛰어보고 또 시작해보라고
알았다, 참 진리를 이제야 알았이요
오늘이 남은 인생
시작하는 첫날이라는 걸.

말

조물주는 왜 사람의 귀는
나팔같이 만들었고
입은 조그마하게 뚫어놓았는가

나팔 같은 귀로는
가늘은 목소리도 많이 듣고
조그마한 입으로는 밥만 먹고

생명만 유지하여
말수는 최소한 적게 하고
사람은 조물주가 만든 대로 행동하면

인격을 가진 지식인이 되는데
좋은 소리 못 듣고
욕만 먹는 사람들이 많이 있구나

어느 재벌가가 그랬든가
말을 배우는 데는 3년이 걸리지만
듣는 데는 60년이 걸렸다고.

괜찮아

괜찮아, 괜찮아
참 좋은 말이다
그 말 속에는
용서와 너그러움이 있기에
이 세상은
그런대로 살만한 곳이고

사람과 사람 사이 일어나는 갈등
자기중심의 잣대로
생각하므로 생기는 것이고
치유의 손길로
상대를 앉아줘 보았느냐

좋은 사람들이 있고
선의와 사랑이 있기에
나를 움직이고
세상을 보는 눈이 달라진다
우리도 그렇게 살아 보자꾸나.

고독과 번뇌

고요한 적막 속에 찾아오는 고독
고독이 용트림하고 지나간 자리
번뇌가 설치는구나
온갖 번뇌가

아!
시끄럽고 혼란스럽구나
답답하고 갈증이 난다
고독과 번뇌가 교차하는 지점

뛰어나가고 싶다
아무도 없는 아주 먼 곳으로
혼란한 고독 후의 번뇌
그리고 슬픔

그 슬픔 속에 눈물이 있다
진정 눈물 속에는
슬픔만 있는 것은 아니다
또한 반가움이란 것이 자리하고 있다.

강 물

흘러가는 강물을 본다
과거와 현재가 교차하는 지점에서
소멸하는 미래를 본다

높은 곳이 아니라 낮은 곳으로
한군데 고정되지 않고
끊임없이 이동하는
움직임의 속성이 있다

움직이고 있는 것은
계속 변화하고 있다는 것
세상도 세월도 이처럼 변화하여
붙잡을 수 없는 것이고

흐르는 강물을
쳐다보는 자체도 수행이고
유유히 보고 있으면
걱정과 근심이 사라진다

마음이 한가해야 강물을 볼 수 있고
물을 보면 조용히 긴장이 풀리고
맑은 심정과 여유로움으로
마음의 평화를 가져보자 우리다 같이.

기 적

기적이란 분명히 현존해 있고
우리는 지금도 기적 속에 걷는다
기적의 용어를 너무 높게 생각 말고
어떤 순간이 아닌
지금 살고 있는 이 순간이 기적인 것

더 이상의 기적은 바라지도 말고
행복하게 살든 불행하게 살든
삶에 차이는 있을망정
살아가는 그 자체가 기적이 아닐까

사람들은 일어나지 못할 상황에서
역전하여 일어나는 순간을
기적이라지만
그 표준을 높이 책정하지 말고
평범하게 책정한다면
살아가는 삶 자체가 기적인 것

어떻게 살고 있든
이 순간을 죽음에 비유한다면
생존하는 삶 자체가
죽음보다 나은 기적인 것이다
살아 있는 그 자체에
고마움과 행복을 더 느껴야겠다.

나 눔

꽃이 있는 곳엔 향기가 나듯이
우리네 인생도 꽃과 같이 살아보자
당신 속의 깊은 사랑을
모두에게 나누어주자

나누어 줄수록 내가 채워지듯이
나눔은 나눔이 아니라 채움이어라
우리 다 함께 행복한 마음을 나누어
더불어 사는 세상 가꾸어 보세나

내일 더 멋있게 베풀려고 미루다 보면
평생 못하는 것
작은 것부터라도 능력껏
지금 바로 실천하자 우리다 같이

나를 위해 준비하는 세상이 아닌
남을 위해 준비하는 세상으로
나만의 세상이 아닌
"우리들" 의 세상으로.

시속의 여정

암흑같이 캄캄하고 고요한 밤
만상들은 곤한 잠에 빠져들고
오늘도, 내일도 아닌 이 시간
잊고 있던 나를 돌아보는 순간이다

누구나 자신만을 위한
시간이 필요하다고 느껴질 때
복잡한 관계를 내려놓고
따뜻하게 살아가는
지혜를 찾아 더듬어본다

아무것도 하기 싫어져
인생이 문득 혼자라고 느껴질 때
자신을 성찰하고 위로하는
깔끔하고 의미 있는 인생을 찾아

누구와도 나눌 수 없는
나만의 담백한 삶을 찾으려
시 속으로 여정을 떠나본다
거부할 수 없는 삶의 매력과 꿈이
고스란히 녹아들어 있으니까.

여유로움

지금 살아가는 가파른 너의 인생에서
행복의 기준점을 조금만 낮춰봐
행복은 스스로 만족하는 데 있고
높은 기준점은 올라가기 힘들고

당신의 욕심에서 불러온
조급한 마음은 행복의 발목을 잡아
실망과 허무로 시달리게 되고

오히려 괴롭히는 마음만으로
퇴보(退步)로 유발시킬 뿐이지
행동으로 겉모습을 꾸밀 수 있지만
마음을 바꿀 수는 없는 것

지금껏 숨 가쁘게 살아온 인생에서
마음의 여유를 갖고 조금만 낮춘다면
행복은 바로 옆에 있는 것

성공과 실패는 종이 한 장 차이
모든 일에 조급하지 말고
느리게, 느리게 마음의 여유를 갖자
우리 다 함께…

자연 농원

삶이 소중한지 아는 사람이
부서지기 쉬운 것인지도 안다
세멘 아파트, 빌딩에
인터넷에 갇혀 자폐의 담을 쌓고

우리의 인생은 욕심으로 눈멀고
오염으로 병들고
불신감으로 허물어져 가고 있다

인간들은 대기와 물
자연을 오염시키고
식량에 뿌려지는 살충제
농업용 비료와 화학물질

참혹한 세상에 산성비가 내리고
땅과 물을 오염시키며 자란
농약 범벅의 식물은
먹지 말고 쓰지도 말자

강과 숲과 바다가 오염되어
생물들이 멸종되고 있다
이제 인류는 자연을 가꾸고
걱정하고 두려워해야 한다.

시(詩)의 감성

한 편의 시를 읽으며 미소 짓는 행복
일상생활에 지친 이들에게
행복한 삶을 목말라하는 이들에게
인생의 영역 속에서 헤매는 이들에게

병마와 싸우는 이들에게 들려주는 이야기
시속의 문장은 짧지만
이면에 숨어 있는 행복에 대한 긴 이야기
일상적인 삶의 기쁨에 이르기까지

시의 향기 속에서 여유로움을 찾아보자
인생이란 쉬면서 충전하고 살아가는 것
병원에서 치료하는 어리석음보단

시의 향기 속에서 짜릿힘과
숨어 있는 달콤함
씁쓰레함에 침이 고이고
시들과 행복을 마주하며 살아가 보자.

시의 대화

아프고 힘들 때 엄마 품을 그리듯
고독하고 어려울 때 시와 대화해보자
급변하고, 가파른 세월 속에서
시를 읽으며 시대의 울분을 터트리고

시는 노래가 되어 사람들을 가까이했고
상처받은 마음을 치유하는 연결의 고리로
울분의 노래가 되어 날려 보내고
노래의 가사는 대부분 시이듯

깨어지고 부서진 자리에서 태어나고
가난과 절망의 탄식 속에서 만들어져
풍요와 만족 속에는 시가 맴돌지 않고
아픔과 절망 속에서 피어나는 봉우리

시의 봉우리와 함께 호흡을 나눌 때
내 몸의 고통과 눈물도 같이 하게 되고
시의 세계 속에서 같이 울고 같이 웃는데
시는 노래가 되어 희망과 기쁨도 같이하고
이해가 저물고 또 한해가 오고 있다

세계 불황 속에 어렵다고 난리들이다
아픔과 고통을 뒤로 두면서
새해를 맞아 희망만을 갖고픈 이 순간
기쁨을 같이하는 시 한 수는 어떨까
오랫동안 잊었던 시의 세계 속에서
상처받은 고통과 서러움을 날려 보내본다.

행 동

아무렇게나 하는 행동이
나쁜 버릇을 부르고

버릇은 습관을 부르고
습관은 일상생활을 부른다

또 일상의 모든 생활은
자기 인생을 부르니

좋은 삶
참된 인생을 살기 위해서는
사소한 행동부터라도 조심하여

당신은
좋은 인생을 이루시고
보람찬 삶으로 엮어 가시길.

행복의 실천

넘을 것인가 넘어질 것인가
본인의 각오에 달려 있는 것
모르는 것은 실력이 아니고
먼저 보는 것은 실력이다

내가 먼저 알아봤다
아무나 볼 수 없고 먼저 본 자가 승리한다
새벽 일찍 창공을 높이 뜬 새가
벌레를 먼저 보고 잡아먹듯이

불행 속에서도 탈출을 꿈꾸고
성공하는 법도 배웠지만
행복을 즐길 줄 모르면 무슨 소용 있으리
좀 더 여유가 생기면 즐기겠다고

그땐 이미 때가 늦으리
먼 훗날이 아닌 지금 바로 행복해지고
즐기는 법을 배워 행복을 즐겨 보라
알았다고
알았으면 지금 바로 실천해보라.

사상과 이념

사상과 이념이 다르면
합칠 수 없는 것
피를 같이한 형제간도
사상과 이념이 다르면
남과 북으로 갈라지듯이

힘으로는 사람을
울릴 수 없지만
시와 노래는
사람을 울릴 수 있다는 사실을

세상의 어떠한 종교와 교리도
사상과 이념을 넘길 수 없지만
노래와 시는 이념을 넘는 것
우리 다 같이 부르자 노래를
아무렇게도 써보자 시를

시를 쓴다는 것은
온 세상 모든 것을 볼 수 있고
시속에는 우리들 삶이 살아 숨 쉬고

사람들의 호감을 쌓고
마음을 끌어당기는 힘이 있고
상대방의 감정과 의도를 읽고

사람들을 잇는 연결의 고리가 되어
정겨운 관계를 맺어주니
이 어찌 아니 쓰고 베기리오.

자기주장

무례 될까 자기주장 못 하는 당신
부정이 나오지 않은 당신
자기 확신 감이 결여된 당신
사람 변했다는 소리를 들으세요

부정을 표현하는 것은
제2 탄생의 신호이고
자기만의 기준점이 있는 것은
심리적 우월이라 할 수 있겠지

선택할 때 자기기준 점이 있어야
확신을 갖고 자존심이 명확해져
끊임없이 변해야 살아갈 수 있고
그대도 변해야 할 시점입니다

지금부터라도
실속 없는 관계는 외면하고
욕먹기 통장에 조금은 채워주고

약간의 빚은 있어야
삶에 긴장이 생겨 오래 살 수 있으니
남에게 욕먹지 않는
천사 같은 인간은 없나니.

느 낌

지금까지 아무 느낌 없이 살았다
사람이 태어나 죽기 전에
자기가 하고 싶은 일을 하겠다는
염원을 어떻게 꺾을 수 있겠는가

고생과 걱정만 하다 죽기 위해
세상을 태어난 것은 아니지 않은가
맛과 느낌대로 살아가 보자

느낌의 입맛으로 되새김질하는
삶으로 영위한다면
발전되는 삶을 보게 되리라

각자의 입맛대로 되씹어
숨겨진 또 다른 맛의 깊이를
진정 느낄 수 있다면
느낌으로 맛을 볼 줄 아는
그 속의 진리를 알 수 있다는
진정한 뜻이 아니더냐.

밤

고요하고 적막한 밤
어둡고 캄캄한 밤
밤이 무서워

한참이나 잠을 불러봐도
잠, 잠이 오지 않는 걸 어떻게
에라, 모르겠다

이야, 잠이 오지 않는 밤
앉아 있느니 염불하고
넘어졌으면
돌이라도 주워 일어난다고

시 한 수라도 주워 보자
시방 저만큼의 지표에다
또 하나의 세계를 그려 본다

어둠과 무서움을 탈피하고
밝은 어둠으로 찾아가본다
내 멋대로 아무렇게나
생각나는 대로 아무렇게나

환상의 나래를 펴
내 마음 설레게 하는
편안한 시의 세계 속으로
나붓이 날아 들어가 본다.

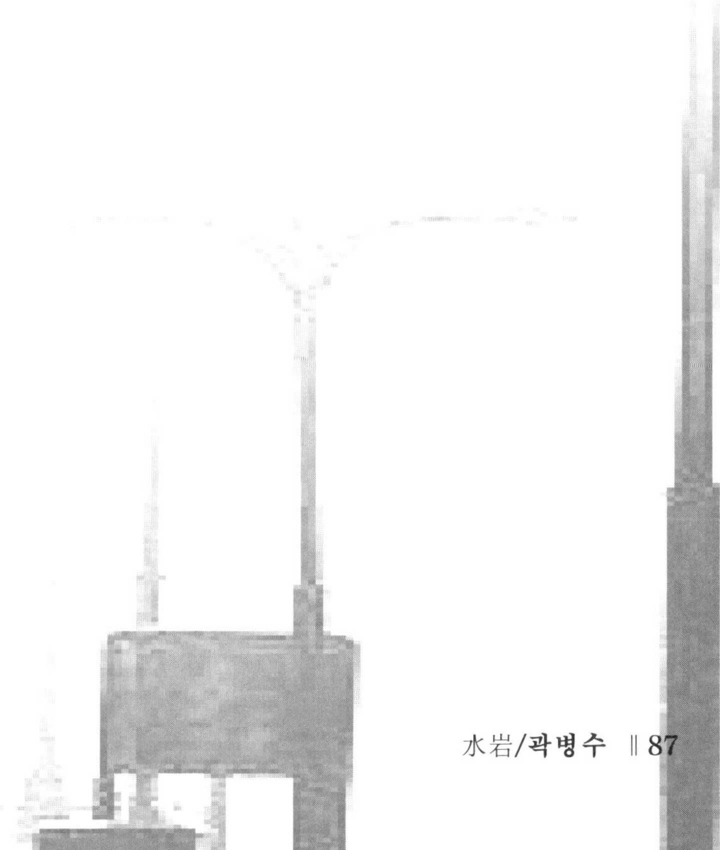

번 식

나무에 주렁주렁 달려있는 열매는
어찌 그리 먹음직스럽게 보이느냐
색깔이며 모양이며
누구 입을 죽이려 달콤함을 하고 있나
그 속의 씨앗은 썩지 않는 지혜를 갖고

오늘을 버리고 내일을 잉태하는데
새 생명으로 번식하려는
희생열매의 밑거름이여
봄이면 새 생명 되어
탄생을 위한 희생의 열매들이여

그 애절함 속에서도
덧없이 살다가는 인간들
오늘의 편안함을 위해 잉태도 져버리고
달콤함만을 영위하려는 생활 속에서
인간을 태운 자동차는 계속 질주하는데

자연을 파괴하고
우리는 이내 곧 죽을 것이고
후손들은 줄어가는 서글픈 현실에서

몸부림쳐보지만 변화는 없고
장차 멸망할 것 같은 공포 속에서

그 누가 말 좀 해다오
이 일은 어떻게 하면 좋단 말인가
그 누가 속 시원히 말 좀 해다오.

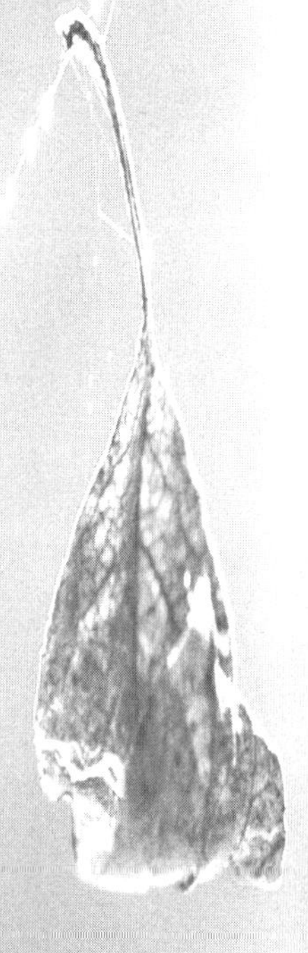

황혼 모서리

줄기찬 야망 속에
꿈 많던 이팔청춘
탄탄한 근육통에
펄펄 뛰던 그 모습

앙상한 뼈마디에
바짝 마른 근육질
검은 머리 어딜 가고
파 뿌리의 흰머리

유수 같은 세월 앞에
이빨 빠진 호랑이
감정 없는 허무함에
잡지 못할 늙음이여

어차피 가는 세월
다가오는 운명이면
멋있고 즐겁게 황혼 모서리
기꺼이 아름답게 늙어 가리라.

무지식의 아름다움

배움이 적고 부족한 사람일수록
누구나 고개 숙여 겸손함을 알고
자기를 보고 자신을 괴롭히는 것이
무엇인가를 경험하고

스스로 아픔과 모름을 알기에
남들의 아픈 상처를 이해할 수 있고
배움이 많은 지식인에겐 보기 드문
상대의 배려와 효도 심도 깊다

바른 실행을 위해 번뇌와 싸우고
자연 속 홀로 자신과 만남으로
진리를 알고 이론보다 실행으로
묵묵하게 은밀히 행동하며
참된 삶이 이뤄질 섯을 일고 있는 그대

아름다운 사람들이여
나 홀로 눈을 감고 마음의 나래로
침묵 속 고독과 우주의 자연을 느껴보렴
어김없이 움직이는 더 넓은 공간에
우주의 변함없는 움직임의 진리를.

4부.

욕망의 독

욕망의 독

일상 속 고상한 사람들의
냄새나는 재물과 권력 다툼에
반성 없이 위선 하는 사람들

끝없는 욕심
참을 수 없는 쟁취
욕망의 독기가 퍼져만 간다

당신도 지금
일상생활로 영위하고 싶다면
모든 사심을 버리고 비워라

육지가 바다에 자리를 양보하고
바닷물이 빠져 육지에 양보하는
자연 순리의 아름다운 양보처럼

포기하는 순간 마음의 편안함과
참사람이 된 것이고
아름다운 나눔이 싹틀 것이다.

세상 이란

이놈, 저놈, 못난 놈,
좋은 놈, 나쁜 놈, 도둑놈,
순한 놈, 착한 놈, 이상한 놈
까부는 놈, 특이한 놈, 기특한 놈

놈, 놈, 놈
놈 속에서 놀아들 난다

어제의 문제는 이상한 놈
오늘의 문제는 까부는 놈
내일의 문제는 특이한 놈

모든 날의 문제를
순한 놈 착한 놈 기특한 놈으로
세상을 확 바꿔 보세나.

무한한 공간

한 번뿐인 당신의 인생
멋있게 살아보자 더욱 현명하게
돈 가진 사람이 부자가 아니라
즐길 줄 아는 사람이 부자이다

자연을 가까이하는 사람은
삶에 건강을 선사하고
자연의 품 안에서
해방감과 편안함을 느끼고
비로써 행복감을 맛볼 수 있는 것

자연의 신비와 우주세계
변함없는 움직임의 철칙 속에
더 넓은 공간을 보라

느끼고 볼 줄 아는 사람만이
모든 것을 가지게 되는 것
인간은 더 넓은 공간 속에서
고개 숙여 겸손해져야 한다

파아란 하늘, 맑은 물
자연은 누구에게나 즐길 수 있는
기회를 차별 없이 주니까.

기러기 아빠

인생을 살기 위해
고단한 맞벌이 부부의 갈등
별거와 퇴직으로 최악의 지점에서
온 가족 모이기 힘들고
교육열에 기러기 아빠 되어

먼 훗날을 기약하면서
인생에 대한 깊은 번뇌와
당장 쓰러지지 않으려
최악의 지점까지 서 있는 당신
몸과 마음의 휴식이 필요합니다

먼 내일을 위해
지금 무엇을 하려고 하지 말고
지금 당장 쉬고 행복해지세요

내일의 기약보단
이 순간을 느끼고, 행복하여
아픔과 고통을 흘려보내고
미소 짓는 것은 아무나 할 수 없고

지금 이 순간이 최고라는 사실을
깨닫는 사람만이 할 수 있는 것
당신이 최고인 것을 잊지 않았지요.

나

나?
나는 누구인가
어디에서 와서 어디로 가는 것일까
이제 내 주위는 아무도 없구나
망망한 사막에서 나 홀로 서서
끝없이 펼쳐진 황야에 서 있을 뿐이다

온몸에 세찬 소나기를 맞으며
진정 나 홀로 서 있을 뿐이다
희희덕대는 친구들도
노닥거리는 친척들도
자식들도 갈길 따라 보내고

아무도 없는 황야에 나 홀로 서서
아무도 없구나 정말 아무것도 없구나
지금껏 노력한 보람도 영광도
아무것도 없는 현실 속에서
허공을 향하여 한껏 공간을 쥐어본다

아무것도 없는 허공의 공간뿐
나도 이젠 가야만 한다

자 ~ 몸과 마음을 비우고
이제 그만 양어깨에 짊어진
무거운 짐도 내려놓고

애들에게 디딤돌이 되겠다는 각오도
이젠 져버리고 내가 가고 싶은
아무것도 없는 공간 속으로
나도 말없이 떠나야만 한다.

작지만 큰 삶

인생이여
어려움과 위기는
왜 자꾸 찾아오는가

그럼 우리는
이제부터 무엇을
어떻게 준비해야 하는가

당신의 지식, 잠재력, 자신감
모든 능력을 의심하고
착각의 테두리를 벗어나

불완전한 고정 관념의
삶에서 깨어나 현재의 틀을 깨고
나 자신의 한계를 확실히 알고서

우리의 일상과 세상을
다르게 보는 더 낮은 눈으로
작으면서도 큰 힘은 어떨까.

지진과 쓰나미

지진아, 쓰나미야
어찌하란 말이냐
나더러 어찌하란 말이냐
짓궂고 무심한 너의 심술

정겹고 평화롭던 어촌마을
지진과 쓰나미가 지나간 최악의 자리
사람들은 불바다에 깔려 죽고
집들도 허무하게 쓸어버린 대참사

자연의 엄청난 공포의 위력 앞에
맥없이 쓰러지는 건물과 사람들
인간의 도전은 과욕에 불과할 뿐
생과 죽음의 두려움을 되새기며

인간의 무력함을 알기나 하듯
자연은 아무 일 없었다는 듯
땅은 그대로 말없이 누워 있고
바닷물은 조용히 출렁일 뿐

저 먼바다 눈물로 바라보며
꿇어 앉아 두 손 모아 빌어본다
바다야, 지구야!
다시는 용트림하지 말아달라고.

끝없는 질주

참혹한 우울과
고독 속에서 깨어나
끝없는 질주 속을 달려만 가고

생각지도 못한 운명과
저물어가는 육신 속에
나를 잡아준 시의 매력
가슴 찡한 감동이 날 울리고

슬픔이 넘쳐 눈물로
눈물이 넘쳐 기쁨으로
슬픔과 기쁨이 넘치고 넘치는
짜릿, 달콤한 순간순간들

어찌
그 어느 무엇과도 비교할 수 있으리
저물어 가는 몸으로 흔적만 남긴 채
오늘도 끝없는 질주 속을 달려만 간다.

천 연

인생은 나 위주로 이뤄졌을까
자기답게 사는 삶은 몇이나 될꼬
걸레 인간이 더 많은 것일까
천연의 인연도 필요 없는
법정에서 피를 토하는 형제들

많이 배운 인간이 더 설치는 세상
가지고도 쓰지 못하는
무재(誣載)팔자의 인간과 돈의 노예들
재물이란 숫자에 불과한 것

목이 타고 갈증이나
가슴이 터질 것만 같구나
온 세상의 고민을 다 짊어지고
어디론가 멀리 사라져 버리고 싶다

오! 하늘이시여
인생이란 허무하고 답답하구나
과연 내가 가야 할 곳은 어디에
그대여 알려다오 나의 갈 길을.

행복함의 전달

기쁜 소식 전하는 것은 참 기쁜 일
내가 전하는 기쁜 소식을 듣고
상대방이 웃음을 지으며
행복해하는 모습을 보는 것은
마음을 흐뭇하게 하는 기쁜 장면

휴가나 여행을 할 때
산이나 바다에서
아름다운 경치에 감탄하고
즐거운 추억을 담아 온다면
행복으로 집안 가득 채워지는 것

그 순간이 기쁨이니까
행복이란 바로 그런 것
감동적인 시와 책을 읽는다면
그 시가 주는 여운으로
목표와 방향이 달라지는 것

우리들의 삶 안에서
참 좋고 아름다운 것들을
발견할 수 있다면
우리는 그것을 다른 이들과
서로 나눌 수 있어야 한다.

홍일점과 청일점

여자들은 다좋는데
홍일점은 공주님들
청일점은 남자머슴

동료들은 무서웁고
여자랑은 소통안돼
끙끙앓은 남자머슴

농담에도 성희롱돼
조심조심 해야하고
도움될까 지적해도
감정으로 받아들여

속상하고 억울하다
겉보기는 멀쩡한데
속마음은 해비리기
씨앗검게 타버렸네

마음속에 담지말고
그때그때 서로풀어
홍일점과 청일점들
경거망동 하지마오.

침 착 함

지진과 쓰나미가 덮친 날
등골이 오싹하고 소름이 끼쳐
생지옥 같은 상황에서도
누구를 탓하지도 않고

여느 날 굶어 춥고 배고파도
구호품 안 온다고 불평도 없고
항의조차 없이 오히려 서로 돕고
노약자에게 더 배려하는 사람들

차분하고 침착한 국민의식
철저히 대응하는 여유로움
통곡 대신 무릎 끓고 흐느낄 뿐
장례식은 조용하고 차분했다

원폭에서도 일어선 나라답게
절망과 재앙에도 서로 배려하고
자신의 슬픔을 드러내는 것보다
차분히 내일을 대비하는 국민성

살아 있는 것만으로도 만족하는
사람들 부축으로 복구의 희망이 싹트고
엄청난 불바다의 공포 위에서도
열도(列島)는 다시 일어설 수 있습니다

지진에 놀랐던 세계는
다시 한 번 또 놀라게 했고
그들에게 우리 모두 다 같이
두 손 모아 힘을 실어 보내본다.

위 로

나는 누군가에게
위로하고 싶은 마음과
위로도 받고 싶은 나약한 존재다

자신을 버려두고 살았지
그동안 소홀하게 다루었던
몸과 마음에 안부를 물어
즐거운 삶으로 들어가라

답답한 일상과 고통으로 해방을
시간과 얽매인 삶에서 벗어나
희망을 찾아 마음속의 비밀을
시와 속삭이고 표현하여
마음속 등불의 환희를

긴장과 흥분
극도의 숨 막힘이 시와 함께
연약함 속에 숨은 강인함이
시속에 숨어 있고

그대여
이젠 당신이 먼저 행복해질 차례다
무거운 짐은 내려놓고
당신의 가슴을 향한 당신의 위로를.

식 단

인간들은 고기 한 덩어리를
더 먹으려 하고
동물들은 굶주려
죽어가고 있는데

사람들은 너무 많이 먹은 탓에
배불러 죽어가고 있구나
성인병은 배불러 생긴 병

적게 먹고 찌꺼기 남지 않는
빈 그릇 운동을 해야 하고
우리들도 경제국인 동시
자연을 파괴하는 나라 중 하나

이제부터 자연을 아끼고
화학물질을 쓰지 않는
물, 바람, 빛을 담은 우주의 재료로
자연이 만든 생명의 밥상으로
오염 없는 일상으로 간다면

밝은 희망과 치유의 식단이
바로 우리 후손들 앞에
아니, 우리들도 먹을 수 있다는
사실을 기억해야 할 과제다.

콩

콩, 콩, 콩
여기도 콩, 저기도 콩
콩들이 콩콩이 모여 있네

조그마한 주말농장
쥐 눈알 같다 해서 쥐눈이콩
강남소식 전한다고 강남콩
노랗다고 노란콩
검은색의 검정콩

메주를 만든다고 메주콩
서리 올 때 익는다고 서리태콩
작두같이 크다고 작두콩
콩속에 콩들이 콩콩 자라고
콩콩, 내 가슴이 콩콩 뛰고 있네

이런 앙큼한 것을 봤나
콩콩 자라는 콩가지에
앙큼한 가시덩굴 잡초가 감았구나
사회를 괴롭히는 사회악은 없어져야 해

가시덩굴 잡초가 없어진 주말농장
농작물은 주인의
발자국 소리에 자란다고 했든가
평화롭게 콩들이 콩콩 자란다.

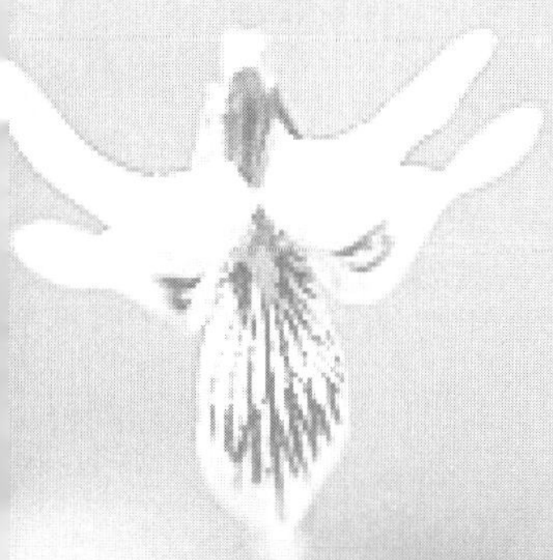

생 존

항시 시끌벅적한 세월의 흐름 속
인간과 인간과의 경쟁 속에서
모든 것을 의심하고 견제하면서
살아가야만 하는 오늘의 인간들

의심하지 않으면 당해버리고
견제하지 않으면
도태해 버린다는 공포 속에서
불안하고 치열한 삶을 살아가는
심오한 세월 속에 살아가는 인간들

조심해!
오늘도 누군가 당신을 감시하고 있어
살기 위해서는 상대를 견제해야 하며
상대를 쓰러뜨려야 하는 철칙 속에서

신이시여! 언제쯤 오시려나요
서로 돕고 의지하는 참된 세상이
지는 사람도 이기는 세상이 오는 것이
노상, 기다림만은 파랗건만

세상은 무심하여라 원망스럽구나
왜 이다지 의심하고 견제해야만
생존하는 세상을 만들었던고

울고, 비웃고
미워하고, 저주하는
이 마음은 그 누구가 만들었든가.

생활의 지혜

문제를 안고 살아가는 법
실패와 절망을 안고 살아가는 법
상처가 스스로 치유되도록
모두가 자기 인생을 지혜로 채워보자

외과 의사는 수술로 치유하지만
정신과 의사의 치료도구는
환자 자신 인격의 개별성에 대한
감각을 유지할 수 있는
힘으로 치료하는 것이라고 한다

상처가 아무는 데 필요한 치유법도
모든 것은 너 안에 있으며
진짜의 적도 내 마음속에 있고
모든 행복과 불행도
내 마음속에 있는 것을.

미래의 선택

지나간 인생은 생각지 말자
나름대로 현명한 판단으로
살았을 것이니까
남의 인생을 지적도 하지 말라
너보다 더 잘 알고 있을 테니까

지나간 과거는 되돌릴 수 없는 것
후회하면 무엇하리오
후회는 희망과 기대가 없고
바램이 없지 않느냐

과거의 집착과 미래를 두려워 말고
현재에 최선과 집중을 다하여
지금의 삶에서 바꾸어 보라
생각과 마음을 바꾸면
행동이 달라진단다

행복과 불행도 본인이 선택하는 것
실패의 탈출해법도 바로 나
겸손한 행동으로 기쁨과 희망찬
미래만을 선택하여 보자꾸나.

물과 바람같이

바람은 순리대로 흘러가고
산을 뚫고 지나지는 못하는 법
바람과 같이 물과 같이
순리대로 살아가 보라 하네

물은 높은 곳에서 낮은 곳으로
자세를 낮추어 흐르는 겸손함
낮은 곳에서 높은 곳으로 오르지 않는 법
나갈 때도 있지만 물러날 때도 있는 여유

자기 모습을 규정짓지 않는 유연성
물은 본래 소리가 없는 법
바닥이 순탄치 못하면 소리가 나고
내 인생의 바닥이 고르면 소리가 없는 법

어찌 소리 난다고 물의 잘못이라 하리
자세를 낮추어 흐르다 보니
목적지인 바다에 도착할 것이고
모든 인생의 원인은 내게 있는 것

물과 같이 바람 같이 살다가라네
인생이여!
물과 같이 바람같이 살아가 보시구려.

걱 정

사서 하는 걱정
몸과 마음의 독소
모든 걱정을 해소 하자

비가와도 걱정
눈이 와도 걱정
바람이 불어도 걱정

닥치지도 않는 일에
걱정부터 먼저 하고
걱정의 습관 속에 살아간다

걱정해도 되지 않는
습관을 조절하고
먼저 행동으로 예방하자

고혈압이 오겠다는 걱정보다
운동과 식습관 개선으로
실천하여 예방하는 것처럼

그래도 걱정되면
마음의 시간을 따로 정해
그때만 짧게 걱정하고 두려워 말라.

과 욕

요즘 세상은 물질 만능 시대
모든 것이 많고 풍족하다
주위는 먹을 것만 가득하고
배부른 아이들 성인병만 득실
어릴 때 못 먹어 먹이기만 하는가

가난 속의 인내, 작은 것의 소중함
애틋한 느낌의 체험기
고난 속에 싹트는 가족애

빈과 부도 마찬가지
인간들이여 비워라 속을
겨울도 속 비운 푸른 대나무

필요 이상을 갖는 사람은
짐승보다 못한 사람
배부르면 짐승은 먹지 않는 법
인간은 곡간에도 가득 채워야 하고

세상에서 가장 행복한 것은
필요 이상은 버릴 줄 아는 사람
배워라 짐승에게 자연의 순리를.

약 점

모든 약점 가운데
가장 큰 약점은
약하다는 것을
두려워하기 때문이다

인생을 통해
자기 약점을 인정하고
자부하여 강점으로 바꿀 때
약점은 절묘한 힘이 되는 것이다

조그만 명당자리
돌 하나가 귀석이 되고
예쁜 얼굴의 점하나가
아름다운 매력이듯이.

통 곡

나는 울고 싶다
진정 울고 싶다
울고 싶으면 싫건 울어라
나를 찾을 때까지 울어라

슬프면 슬픈 대로
속 시원히 통곡하고
마음껏 소리 내어 울어라

광란하게 울부짖고
미치도록 울어라
울면서 자아를 되찾고 감동하라

그 울음의 느낌을 음미하면
그만큼 편안하고 흡족해져
우는 만큼 성장할 것이니까.

바꿔봐

뭐라고
또 마음이
흔들린다고

당신의
마음이 흔들리는 건
괴로움과 슬픔의
바람 때문이 아니잖니

바꿔봐, 이렇게
괴로우니까 사람이고
슬픔은 기쁨을
동반하고 있는 거잖아.

복 권

또, 떨어졌구나

안 된다, 안 된다 하면서도

또 사고 보는……

어쩜, 인생은 행운을 기다리는

기다림의 연속인가 봐.

달과 님

구름가린 달빛아래
이한밤도 외로워라
쓰라림의 가슴안고
기나긴밤 언제셀고

보고싶음 회상하며
가린구름 걷혀다오
그리운님 오시는길
밝은달빛 내빛치게

어서오소 우리님아
싸리문도 열어놨오
오시는길 외로우면
밝은달과 같이오소

이마음도 저달보고
사랑노래 부르면서
우리님을 기다리며
일편단심 생각하오.

곽병수 시인의 시 세계

삶의 정립을 위한 수행(修行)의 변주(變奏)

문학박사 김영미

곽병수 시인의 시 세계

삶의 정립을 위한 수행(修行)의 변주(變奏)

문학박사 김영미

1. 맑은 감성을 위한 수행의 자세

우리는 일반적으로, 시인이란 심미지향적인 발화를 창조하는 사람으로 생각한다. 똑같은 내용의 언술이라 할지라도 시인의 입을 통하여 하게 되면 더욱 심오해지고 아름답게 느껴진다. 그렇기 때문에 우리는 분위기가 있고 멋스러운 언어를 구사하는 사람을 보면 '마치 시인 같다' 라는 말을 하기도 한다. 오늘날의 사회는 예전보다 더 정서가 메말라 있기 때문에 웬만해서는 감동도 하지 않을 뿐만 아니라, 웬만큼 충격적인 뉴스를 들어도 그다지 크게 놀라지 않는다. 그만큼 삭막한 시대에 살고 있기 때문에 어쩌면 예전보다 더 '시인'의 필요성이 절실히 요구되는 때인지도 모른다.

우리는 대상과의 만남에 있어서도 갈수록 현실적인 계산을 하면서 대한다. 예를 들자면,

밤하늘의 별들이 총총히 많이 보이고 유난히 반짝일 때나 또는 안개가 짙게 깔려 한 치 앞도 보이지 않는 아침을 맞이할 때, 우리들은 그러한 상황을 어떤 분위기 적인 것으로 받아들이는 것이 아니라 기상관측학적 차원과 공해문제의 차원에서 과학적으로 정확하게 그 원인에 대해서 알려고 한다.

그러나 그것이 대상과의 진정한 만남일까 하는 것에는 의문이 생기지 않을 수 없다. 영변 약산의 진달래꽃은 김소월 시인이 있었기 때문에 더욱더 의미가 있고 아름답게 피었고, 깃발은 유치환 시인이 있었기 때문에 푸른 해원(하늘)을 향해 날아가지 못하고 펄럭였던 것처럼, 대상은 시인에 의해서 그것이 지니고 있는 합리적이고 과학적인 실재 그 이상의 풍요로움을 획득한다.

곽병수 시인의 시를 읽으면서 이같이 시인의 존재 의의를 먼저 떠올리게 된 것은, 그의 시에서 맑은 감성을 지니기 위해 수행하는 자세가 엿보이기 때문이다. 물론 곽병수 시인이 그 감성을 완전하게 시적으로 승화시키고 있는 것은 아니다. 그러나 맑은 감성을 지니기 위해 노력한다는 그 자체가 시인이 가지고 있는 가장 큰 장점이라고 필자는 생각한다. 그의 시를 의미있게 바라보는 이유가 여기에 있다.

2. 잠언의 시

잠언이라는 것은 오랜 세월을 거치면서 살아온 삶에 대한 숙고에서 나온 지혜를 말하는 것으로 교훈을 담은 짤막한 명언을 가리킨다. 잠언에는 인간의 본성에 대한 날카로운 관찰과 정교한 시적 직유가 나타나 있다. 그래서 잠언은 사람들로 하여금 삶의 자세에 관해 깨닫게 하는 효과를 지니고 있다.

곽병수 시인의 시는 자신이 살아온 평범한 삶 속에서 체득한 경험을 바탕으로 진중하게 자기 자신을 반성하여 살피고 있는데 이것이 마치 잠언 같은 분위기를 형성하고 있다.

삶에 고단함과 고독할 때
자기가 갈 묘를 먼저 정해놓고
가만히 찾아가 살며시 누워
죽었다고 생각하고 편안하게
푸른 하늘을 조용히 바라보면
한결 마음이 맑아지고 개운해진다

생의 애착도 욕심도 없어지고
이 세상에서 가장 평화롭고
영원한 안식처라 생각하며
착한 사람이 누워 있을 뿐이다

내일 생을 마친다고 생각하면
생의 애착이 더욱더 생길 것이며
지나온 과거의 삶도 뉘우칠 수 있고
앞으로의 삶도 구상할 수 있어
오늘, 모든 행동이 바뀔 것이다

내일 생을 마친다는 것을
예측하는 사람은 아무도 없고
오래 산다고만 믿을 뿐
죽음 앞의 악(惡)한자는 없으며
강한 자도 없다
오직 착한 사람들만이 있을 뿐이다

- 「가묘」 전문 -

우리는 뉴스에서 거의 매일 죽음을 접하면서, 인간은 한순간 죽음이 악수를 청한다면 받아들일 수밖에 없는 운명쯤으로 생각한다. 그러나 내 부모 형제가 죽음을 앞두고 있다면 문제는 달라진다. 그것이 '나' 의 일이라고 생각하면 더욱더 그렇다. 순식간에 나의 존재가 무의미가 되며 죽음의 공포가 엄습해 오기 때문이다. 죽음의 순간에 직면하면서도 부와 명예에 욕심을 내는 사람은 아마도 거의 없을 것이다.

곽병수 시인은 자기가 묻힐 '가묘' 를미리 정해 놓고 삶에 지쳐 고단할 때나 고독할 때 조용히 찾아가 누워서, 죽었다고 생각하며 편안하게 하늘을 우러르면 한결 마음이 맑아지고 개운해진다고 1연에서 노래한다. '마음이 맑아지고 개운해' 지는 이유는 2연과 3연에 잘 나타나 있다. 죽음 앞에서 자신의 모든 욕심을 내려놓은 무심의 '착한 사람' , 강자도 약자도 아닌 오직 '착한 사람' , 이것은 남은 삶을 좀 더 착하고 성실하게 살려고 하는 곽병수 시인의 자기표현이다.

요즘에는 "아름다운 마무리" 나 "아름다운 이별 준비하기" 같은 프로그램들이 운영되고 있는 것으로 알고 있다. 이는 두려움과 혐오감을 없애고 마지막까지 품위 있게 자신의 죽음을 준비하고, 먼저 가시는 분을 아름답게 배웅하자는 것이 목적일 것이다. 이러한 프로그램 역시 '나' 의 죽음에 대해 이야기함으로써 남은 삶을 더욱더 의미 있게 살아야 한다는 것을 인식하는 계기가 될 것이다.

곽병수 시인은 현실의 삶을 경험하되 상상력의 힘을 소홀히 하지 않고 겸허하게 받아들여, 대상과의 교감을 통한 이미지를 잠언의 시로 분사하는 능력을 가지고 있다.

깊은 침묵 속에서 샘물처럼

솟아나는 맑은 판단으로
욕망만 채우는 어리석은
착각의 삶에서 깨어나라.

- 「고독」 중에서 -

나 혼자 조용한 자연을 찾아
더 넓은 공간을 향해
뒤돌아보며 고개 숙여 기원해봐
자연과 자비 속의 조용함

이기적이고 맹목적이기만 했던
내 욕망과 욕심의 번뇌 속에서
갈등하고 괴로워 허우적거렸던
자신의 모습을 발견할 것이야.

-「공간의 시간」 중에서 -

우리가 살아가면서 누군가를 믿고 따라가는 삶과 자기의 힘으로 무언가를 하나씩 성취하면서 사는 삶과는 많은 차이가 있다. 전자는 소극적이고 수동적인 의미이지만 후자는 능동적이고 적극적인 의미를 가진다.

곽병수 시인은 훌륭한 누군가의 삶을 믿고 따라가는 자세가 아니라, ‘나’ 스스로의 힘으로 직접 체험하고 그 체험을 통해 깨달아 가는 시인이다. 그는 깊은 침묵을 통해서 혹은 대자연을 통해서 수행하는 자세를 잃지 않고 있다.

곽병수 시인은 누군가가 ‘나’ 대신 밥을 먹어 줄 수 없고 ‘나’ 대신에 화장실에 가 줄 수 없듯이, 삶이란 누구도 아닌 ‘나’ 스스로 자신의 뒤를 돌아다보며 앞으로 나아가는 것이라고 생각한다. 그는 자신의 행적들을 되돌아보며 욕망만을 채우는 삶이었나, 이기적이고 맹목적인 삶을 살았었나를 쉬임없이 성찰하는 자세를 유지하고 있다. 헛된 욕심과 착각과 망상을 지금 내가 어떻게 보고 있느냐 하는 수행의 자세는 그의 많은 시에서 나타나고 있다.

독자가 막연하게 생각하고 있거나 잊고 있던 것을 작품을 통해서 구체적으로 치밀하게 재확인하였을 때 독자는 무한한 공감을 하게 된다. 작가, 작품, 독자 간의 소통으로 의미가 구체화되는 재인식의 경험을 하기 때문이다. 곽병수 시인은 평범한 삶들 속에서 수시로 발생하는 수많은 시행착오들을 겪으면서 얻은 깨달음을 통해, 남은 여생을 당당하게 완성해 가는 모습을 시로써 표현하고 있다. 이러한 그의 작품들은 독자들에게 정서적인 반응을 유발하도록 하는데 그것이 잠언적인 효과를 불러일으키게 된다는 점이다. 곽병수 시인의 이러한 잠언의 시(詩)들은 예(禮)와 도리(道理)의 적극적인 실천의 장으로 이끌게 되며, 건강한 삶과 건강한 사회의 원동력으로서의 역할을 수행하고 있다.

3. 비움의 시학

오늘날 우리 사회는 고도로 발달된 물질문명으로 말미암아 각종 문명의 이기와 문화적 혜택을 향유하고 있는 자본주의 사회, 풍요로운 황금만능주의 사회로 치닫고 있다. 그러다 보니 물질적 풍요와 개인적 권리를 누릴 수 있는 기회가 증가하면서, 사람들의 삶의 자세에서 여러 가지 부정적인 모습과 가치관의 혼란이 야기되었으며, 이러한 문제 중에서 가장 심각하게 부각되고 있는 것이 물질 만능주의와 이기주의라고 할 수 있다. 곽병수 시인은 이를 초극하여 물질적인 요소와 이기심으로부터 초연해지려는 면모를 보이고 있다. 이것은 곽병수 시인 자신이 살아온 오랜 삶의 기복(起伏)을 통한 깨달음에서 오는 것으로 보인다.

요즘 세상은 물질 만능 시대
모든 것이 많고 풍족하다

주위는 먹을 것만 가득하고
배부른 아이들 성인병만 득실
어릴 때 못 먹어 먹이기만 하는가
(중략)

세상에서 가장 행복한 것은
필요 이상은 버릴 줄 아는 사람
배워라 짐승에게 자연의 순리를

– 「과욕」 중에서 –

나누어 줄수록 내가 채워지듯이
나눔은 나눔이 아니라 채움이어라
우리 다 함께 행복한 마음을 나누어
더불어 사는 세상 가꾸어 보세나

– 「나눔」 중에서 –

사실상 우리네 인생살이에서 욕심을 버리고 나누면서 산다는 것은 어떤 면에서는 채우기보다 더 어려운 일일지도 모른다. 사람이 자꾸 욕심을 채우려고 몸부림치면 몸부림칠수록 자칫 추악해지고 인생이 고달파지기 마련이다. 곽병수 시인은 지혜롭게 안분지족의 길을 선택함으로써 평안을 누리고 있다. 그는 욕심과 물질적인 것을 비워내고 그 대신에 맑은 정신으로 채우려고 하는 것 같다. 사람이 현실적 욕망과 집착을 버리고 마음을 비운다는 것은 아무나 흉내를 낼 수 있는 용단이 아니다. 세속에 살면서 욕심을 부리지 않는다는 것은 그만큼 그의 인품이 깨끗함을 지향하고 순수하다는 것을 의미한다고 해도 지나친 말이 아니다. 바로 이 점이 곽병수 시인을 마냥 돋보이게 하는 면모라고 할 수 있다.

욕심을 버리지 않고 채우려 들면, 채워지지 않는 까닭에 마음은 괴로워진다. 너무 많이 가지려고 하면 과욕이 생기는 법이다. 곽병수 시인의 행복이란 필요 이상의 욕심은 버리고 맑은 마음으로 사는 것이다. 대개의 사람들은 더 많이 갖고 더 많이 채우려고 한다. 물질의 양을 늘이고 규모를 키우는 것이 제대로 사는 것이라고 사람들은 생각한다.

채우려고 하는 일에 자신을 묶어두는 것은 여러 가지 의미에서 고달프다. 채워서 모든 것이 풍족해지면 그 귀함을 모르게 되고, 마음은 점점 교만해지며 마음이 교만해지면 자연히 허물도 많아지게 된다. 어디 그뿐이랴 우리의 몸도 너무 많이 채워서 영양의 과잉섭취가 되면 비만으로 이어지고, 비만은 만병의 근원이 된다. 많이 먹고 잘 먹어서 찌운 살은 질병에 취약해서 성인병을 유발하기 마련이다. 곽병수 시인은

'욕심을 부리지 않고 자신에게 꼭 필요한 만큼만 취하는 법을' 자연의 순리대로 사는 짐승에게서 배우라고 한다.

오늘날은 고도화된 물질문명에 지배되고 황금만능주의가 판치는 가운데 채우기에 안달복달하는 차갑고 살벌한 연대기이다. 이 시대의 정신적 지도자 중의 한 분이었던 법정(法頂) 스님도 그의 에세이「무소유」에서 난초(蘭草)에 얽힌 경험담을 이야기하면서, 난초에 대한 집착이 괴로움임을 깨닫고 난초를 다른 스님에게 주어버림으로써 집착과 구속에서 벗어나 자유를 만끽할 수 있었음을 실토하고 있다. 이 큰스님은 '어떤 것을 소유한다는 것은 다른 한편으로는 구속되는 것이다.'고 설파하고 있다. 이처럼 소유관념은 인간에게 마음의 병이 된다는 점에서 인간의 소유욕이 빚어내는 삶의 비극과 인간성의 상실을 경계하며, 이러한 욕심에서 벗어나게 될 때 진정한 자유와 행복을 얻을 수 있다고 역설하고 있다. 즉 무소유는 진정한 자유와 마음의 평화를 가져오는 것이라고 한다.

생존경쟁의 치열함 속에서 많은 사람들의 이해관계가 여러 가지 모습으로 얽혀 있는 인간관계의 특성상 버리고 나눈다는 것이 결코 쉽지 않은 현실이지만, 곽병수 시인은 자신의 바람직한 윤리적 좌표를 형성하고 버림과 나눔에 대한 시대적 책임감을 갖고 있다.

너희야!
베풀어 보았느냐
앞으로 베풀고 가야 할 길을
세상 떠나도 그들이 생각하는 너의 참모습을

너희야!
이젠 모두 놓아라
세상에 태어날 때는 갖기 위해 주먹을 쥐고
떠날 때는 갖지 못해 손을 펴는 그들의 모습을.

– 「너희야」 중에서 –

모두 내려놓고 베풀면서 산다는 것은 세속에 살고 있는 범인으로서는 엄두조차 내기가 어려운 일이다. 우리가 삶을 영위해 나가는 데, 있어야 할 것이 없으면 여간 고통스럽고 불편한 일이 아닐 수 없다. 더욱이 꼭 있어야 할 것이 없을 경우에는 가련한 곤궁 상태에 처하기 십상이며 비애를 절감하기 일쑤이다. 그것이 사람이 되었든 물질이 되었든 자기 곁이나 수중에 지니지 못했을 때는 타인으로부터 괄시를 받는 것 같고, 수치심을 느끼게 되기도 하며 어쩐지 무시당하는 느낌을 갖게 된다. 욕심 때문에 혹은 무시당할까봐 채움에 부지런한 사람은 많아도, 베풂에 내려놓음에 부지런한 사람을 찾기는 어렵다.

우리는 베풀지는 않으면서 받는 것은 좋아한다. 물질 뿐만 아니라 관심, 인사, 친절, 칭찬, 사랑, 존경 등을 받고 싶어 한다. 친구들 간에도 밥 살 줄은 모르고 얻어먹기만 좋아하는 사람이 있다. 비싼 외제차를 타고 다닌 사람 중에는 자기를 특이하고 대단하게 생각해 주는 '시선'을 받고 싶어 한다. 곽병수 시인은 이러한 받고 싶은 마음도 물질도 모두 내려놓고 "앞으로 베풀고 가야할 길"이 우리네 삶이라고 생각한다.

물질은 마음먹은 대로 베풀지 못하더라도 마음은 얼마든지 베풀 수 있다. 이 세상에 줄 수 없는 사람은 없다. 하다못해 가벼운 짐을 들어 줄 수도 있고, 길을 알려 줄 수도 있다. 남보다 가진 돈이 없고 권력이나 명예가 없다고 하더라도 줄 수 있는 것은 많다. 요즘에는 재능기부니 지식기부니 하여 자기가 제일 잘할 수 있는 것을 기부하는 문화가 형성되어 있어서 좋다.

윗글에서 곽병수 시인이 "너희야!" 라고 표현한 것은 2인칭의 의미보다는 앞의 시「나눔」에서와 마찬가지로 '너와 나'를 아우르는 '우리 모두'의 개념이 강하다고 할 수 있다. 그러니까 우리 모두가 베풀면서 욕심은 내려놓으면서 살아가기를 바라는 마음을 담고 있다고 하겠다.

4. 시인의 삶의 자세와 시의 품격

삶에 대한 경건함과 긍정적인 자세는 누구나 다 갖추고 사는 것이 아니다. 마음의 여유로움과 태도의 경건함 속에서 긍정적인 자세도 나온다고 할 수 있다. 똑같은 믿음을 가진 신앙인이라 할지라도 어떤 사람에게서는 믿는 사람으로서의 체취가 느껴지지 않는 것은 '주시옵소서' 만 할 줄 알았지 자기를 낮추는 겸허의 자세를 지니고 있지 않기 때문이다.

어느 모임에서 넌센스 퀴즈를 내는데, 질문이 "천국의 전화번호가 몇 번인가?" 하는 문제였다. 아무도 답하는 사람이 없자 사회자는 정답이 999-9999 라고 하였다. 왜냐하면 사람들이 구하고 또 구하고 계속 구하기만 하기 때문이라고 한다. 그 자리에 있는 모든 사람들이 웃으면서 그 말에 공감한 적이 있었다.

곽병수 시인은 물 흐르듯이 자연의 순리대로 사는 삶을 추구한다. 그러나 많은 사람들이 자연의 순리대로 살고 있지 않다. 오히려 다른 이들보다 가급적이면 높은 곳에 위치하려고만 한다. 그렇기 때문에 시를 대하면서도 시인의 세계가 경건함과 긍정적인 세계관으로 이루어져 있으면 덩달아 기분부터 좋아진다. 곽병수 시인의 시는 시가 되고 안되고를 떠나서 시를 통해 읽어 낼 수 있는 시인의 자세가 경건하고 긍정적이어서 좋다. 시인 자신의 황혼의 행복을 노래한 작품을 엿보기로 하자.

공격할 줄 모르고
받아만 주는 천사 같은 당신
내 앞에서는
항시 자기주장을 하지 않는 당신

환희와 기쁨에 찬 삶의 자리는
항시 나에게 내어주고
자기 자신보다 나를 더 사랑하는 당신
항상 남을 자기처럼 생각하면
편안하고 이해가 된다는 당신

당신 덕분에 거뜬합니다
제게는 언제나 살아가는 힘입니다
힘있게 산다는 것은 참으로 즐겁습니다

내 나이를 따져 무엇하리오
나는 지금 이 세상에 살아 있다는 것
그 자체만으로도 즐겁고 행복합니다

당신과 가족을 더욱더 사랑하면서
살아가리라 다짐해봅니다.

－ 「당신」 전문 －

위의 시에서 곽병수 시인이 소재로 삼은 대상은 아내이다. 60대 분들이 일반적으로 아내를 떠올릴 때는 '고생시켜 미안하다' 는 표현을 주로 한다. 곽병수 시인은 아내를 떠올릴 때, 자기주장을 하지 않고 남편에게 순종하는 '천사의 이미지' 를 가장 먼저 떠올린다. 말을 바꾸면 아내는 이해심이 많고 남편을 배려하는 마음이 매우 큰, 포근한 성품의 소유자이다. 곽병수 시인은 이렇게 훌륭한 성품을 지닌 아내가 있어 살아가는 힘을 얻고 "즐겁고 행복" 하다. 이 시를 읽고 미소 짓지 않는 독자는 아마도 없을 것이다. 시적 화자의 행복 바이러스가 전염되어 오는 듯한 느낌을 받기 때문이다.

걸음을 멈추고 살포시 잡는 손결
오늘의 포근한 감촉이여
내일도 모래도 영원히

– 「당신과 나」 중에서 –

지금 내 인생의
조그마한 행복은
늦깎이에 담아보는
(중략)

앞으로도 나와 같이 살아갈
나의 친구이자
영원한 벗인 나의 아내다.

-「작은 행복」 중에서 -

위의 시들을 보면 행복 에너지가 방출되어 나오는 듯하다. 곽병수 시인의 아내를 사랑하는 마음이 한결같으면서도 한 치의 치기(稚氣)를 찾아보기 어려울 만큼 진솔한 정서이다. 곽병수 시인에게도 세월의 격랑이 있긴 있었을 텐데 그의 시 어느 한구석에서도 시정(市井)의 속됨은 발견되지 않는다. 한마디로 그는 자신의 영혼을 갈고 닦아 긍정의 감성을 지니고자 살아온 것처럼 보인다.

꽃을 좋아해서 꽃나무를 심어 놓고 정작 물을 주지 않는 사람이라면, 진정으로 꽃을 사랑하는 사람이 아닐 것이다. 꽃의 성장을 위한 끊임없는 관심과 애정이 있어야만 충분히 아름다운 꽃을 피우듯이 사람도 마찬가지이다. 곽병수 시인의 아내를 사랑하는 마음에는 아내를 끊임없이 지지하고 인정해 주는 긍정의 마음이 항상 자리하고 있는 것으로 보인다.

곽병수 시인에게는 언제나 좋은 일만 있는 것 같다. 일테면 아는 것이 많으면 남을 위해 쓰일

수 있어 좋고, 모르는 것이 많으면 알게 되는 것이 많아지니 자기 발전이 있어서 좋고 하는 식이다. 그는 어떤 상황도 다 수행하는 자세로 대하는 듯하다. 할 일이 없으면 충분히 쉴 수 있어 좋고, 할 일이 많으면 능력이 늘어나서 좋다고 생각한다. 나에게 이런 일이 생기지 않았으면 좋겠다가 아니라, 이런 일이 생기든지 저런 일이 생기든지 다 좋은 일이라고 받아들이는 것 같다.

긍정적인 삶의 자세로 일관하는 곽병수 시인의 시의 품격은 수행을 통한 긍정의 작동이라고 할 수 있다. 곽병수 시인이 시를 창작함에 있어서 은유나 비유법을 사용하여 사물의 본의미를 숨기고, 표현하려는 대상을 암시적으로 나타내는 언어의 조탁에 힘쓴다면 더 훌륭한 시가 될 것이다.

2012@곽병수 깨어나라 그대여

인　쇄 : 초판인쇄 2012년 01월 20일
인　쇄 : 초판발행 2012년 01월 25일
지은이 : 곽병수
펴낸이 : 윤기영
펴낸곳 : 도서출판 현대시선
등　록 : 제 387-2006-00017호
본　사 : 서울시 동대문구 장안동 394-15호 203호
지　사 : 경기도 부천시 원미구 원미동 147-12
전　화 : 070-8887-8233 팩시밀리 : 02-831-5832
이메일 : hdpoem55@hanmail.net

정 가 : 8,000원정
ISBN : 978-89-92687-28-7-03810